44
Lb 668.

DÉTAILS

SUR L'EXPLORATION

DU CHAMP DE BATAILLE

DU 10 AVRIL 1814, DEVANT TOULOUSE,

Faite par SOLIMAN-BEY, le 15 avril 1846.

TOULOUSE,

IMPRIMERIE DE JEAN-MATTHIEU DOULADOURE,
RUE SAINT-ROME, N.º 41.

1846.

DÉTAILS

SUR L'EXPLORATION

DU CHAMP DE BATAILLE

DU 10 AVRIL 1814, DEVANT TOULOUSE,

Faite par Soliman-Bey, le 15 avril 1846.

Soliman-Bey (Général Sèves), Major général des armées de Mehemed-Ali, Vice-Roi d'Egypte, ayant le désir de parcourir le mémorable champ de bataille du 10 avril 1814, a invité M. le colonel Lapène, du 1.er régiment d'artillerie, seul officier de la garnison qui eût assisté à ce grand drame, à l'accompagner sur ce terrain devenu national pour la cité de Toulouse et pour le Midi de la France, et pieusement consacré par l'érection de la colonne. Soliman et le Colonel, sans escorte, étaient le 15, à huit heures du matin, sous le nouvel observatoire, formant, le jour de la bataille, l'emplacement exact de la fameuse *grande* redoute. Un peu en arrière, sur le sol de la colonne actuelle, était la redoute triangulaire du *Nord*. De ce point culminant, les deux observateurs embrassaient les positions sur les deux rives de la Garonne. Soliman-Bey a d'abord sainement apprécié les savantes manœuvres du Maréchal Duc de Dalmatie, Général en chef de l'armée française, depuis le 27 février, jour de la bataille d'Orthès, jusqu'au 24 mars où l'armée Anglo-Espagnole-Portugaise, commandée par lord Wellington, paraît devant Toulouse et y trouve les Français tout prêts à accepter la grande lutte du 10 avril. Les détails relatifs à ces mouvements, au dire d'un petit nombre de spectateurs de choix, attirés par le motif, deviné, du rendez-vous des deux officiers, paraissaient profondément intéresser le Ministre de Mehemed-Ali. Quant au colonel, ces mêmes détails, exhumant des souvenirs de trente-deux ans, devaient être pour lui d'un charme indicible. M. Lapène, en effet, était simple capitaine au début de 1814. Aujourd'hui, dans Toulouse même, et devant ces positions qu'il contribua, avec la batterie mobile sous ses ordres, à défendre à outrance, cet officier supérieur se trouve à la tête d'un des beaux régiments de son arme.

Soliman-Bey, avec une profonde sagacité et une grande habitude des combinaisons stratégiques, jetant tour-à-tour le regard sur l'immense campagne déroulée sous ses yeux, et sur le plan de la bataille placé devant lui, s'est parfaitement rendu compte des intentions du général en chef de l'armée coalisée, traduites les premiers jours par de l'hésitation et de longs tâtonnements. D'abord celui-ci passe la Garonne le 28 mars sur un pont jeté au hameau de Roques au-dessus de Portet; mais il échoue dans son projet de tourner la ligne et de couper nos communications avec le Maréchal Suchet, en atteignant la route du Bas-Languedoc par Cintegabelle et Nailloux. Soliman-Bey portant ensuite ses regards à l'horizon, à droite, en suivant le cours descendant du fleuve, apprécie sans hésiter la détermination hardie de Lord Wellington, non sans de graves incidents dont l'explication nous conduirait trop loin, de franchir décidément la Garonne, en se prolongeant par sa gauche. C'est entre Grenade et Blagnac, au village de Seilh, à 16 kilom. au dessous de Toulouse, que s'effectue le passage. 50,000 Anglais, Portugais et Espagnols occupent dès ce moment la rive droite. Le projet de l'ennemi est d'abord de couper nos communications avec Montauban, où est construite une tête de pont, ce qui assurait au besoin notre retraite sur le centre de la France et Paris ; ou bien les coalisés peuvent s'avancer résolument sur Toulouse par Saint-Jory et Croix-Daurade. Ce mouvement hostile et décisif commence dans la journée du 4 avril ; il est consommé le 9. C'est le prélude de la journée du 10. Ici commence le drame. Le Maréchal Duc de Dalmatie en prévoit toutes les circonstances, et une ligne d'ouvrages improvisée sur les hauteurs de Montrabe ou du Calvinet, indique où sera le véritable théâtre. L'armée française attentive connaît l'inébranlable résolution de son Général, malgré le petit nombre, de défendre la position à outrance. 25,000 vieux soldats au plus de toutes armes, distribués sur l'immense ligne de défense, sont prêts à répondre à cet appel. Ils doivent lutter contre 60,000 étrangers maîtres de la campagne, qui les cernent et les pressent sur les deux rives de la Garonne. Arrivons aux détails :

Le 10 au point du jour, les premières attaques sont contre le faubourg Saint-Cyprien et les ouvrages de la Patte-d'Oie, qui s'étendent depuis la Garonne en amont jusqu'au moulin de Bourrassol au-dessous. Cette agression était prévue, et la division Maransin, seule force conservée de ce côté, se replie sur le quartier proprement dit. Les troupes occupent aussitôt les ouvrages importants appuyés contre le mur d'enceinte ou construits en avant des grilles de fer. Le Lieutenant-général Reille, qui commande toute la ligne de défense sur la rive gauche, reste, durant toute la journée, inexpugnable dans ses nouvelles positions. A la rigueur, ce n'était là qu'une fausse attaque, ayant surtout pour objet de diviser nos forces et de partager notre attention sur les différents points à défendre.

Une attaque réelle et des plus sérieuses, l'ennemi la combine sans retard sur la rive droite contre les retranchements du Pont-Jumeau et l'embouchure du Canal des deux mers. C'est le général Picton, le même qui fut tué un an après à Waterloo, et l'un des plus intrépides généraux anglais, qui la dirige. Le but est de percer la ligne de défense en ce point; et les retranchements une fois enlevés, de se prolonger rapidement le long du Canal de Brienne pour pénétrer dans Toulouse par l'ancienne grille de Saint-Pierre, faible obstacle; puis d'atteindre le Pont-Neuf en suivant les quais; de paralyser par ce seul fait tous nos moyens de défense sur les deux rives de la Garonne, et en définitive de rester maître de Toulouse. Mais l'ennemi essuie un éclatant échec sur le point important de l'Embouchure; et le succès, dont les détails nous conduiraient trop loin, fait le plus grand honneur aux troupes de la division Daricau.

Les Anglais sont battus aussi sous l'ancien couvent des Minimes et devant le pont de ce nom. Les démonstrations en face de la tête du pont de Matabiau n'ont pas un meilleur résultat. Enfin un peu plus sur la gauche, la quatrième armée Espagnole, commandée par don Manuel Frayre, au moment où elle s'avance pour remplir la périlleuse mission d'attaquer les ouvrages qui protégent la grande redoute et ensuite enlever la position, est brusquement assaillie par la division Darmagnac. Celle-ci débouche avec un élan irrésistible des pépinières et des tuileries où elle est embusquée sur le revers du monticule où surgit en ce moment la colonne, face à la ville. Pour les Espagnols, le pêle-mêle est affreux et la déroute complète ; quelques pièces de position, placées en arrière sur les vieux remparts de la ville près de la porte Matabiau, y contribuent. Le vieux chemin de Périole, situé au-dessous de l'escarpement des ouvrages du Nord, devient enfin leur tombeau. Partout jusque là le succès est nettement prononcé et la victoire nous reste.

Cependant le corps d'armée du Maréchal Beresford qui comprend deux divisions, presqu'entièrement d'Ecossais, l'élite de l'armée coalisée, 16,000 hommes au moins, se forme derrière le mamelon de la Pujade; position gardée provisoirement le matin par la brigade Saint-Pol (division Vilatte), mais que peut-être il eût été prudent d'occuper d'une manière plus stable. Cette colonne commence un long mouvement par son flanc gauche. Sous la protection d'une puissante batterie établie sur ce mamelon, laissant la rivière du Lhers en arrière, cette audacieuse colonne longe le pied des hauteurs parallèlement au front des ouvrages du Nord et du Calvinet, non sans essuyer de grandes pertes dans ce périlleux trajet, étant exposée au feu du canon de ces ouvrages et de la batterie mobile désignée plus haut, piétinant enfin un terrain coupé de fossés et alors en partie inondé.

Un corps nombreux de cavalerie, en suivant l'autre rive du Lhers, avait pour mission de protéger le mouvement contre l'agression de nos propres escadrons, passer la rivière au pont de Montaudran, le seul, en avant de nos lignes, qui ne fut pas détruit ; ensuite observer la route du Bas-Languedoc, surveiller le pont des Demoiselles, et tournant de ce côté la butte de Montaudran, paraître, suivant l'occurrence, sur le plateau du Calvinet, qui en est le prolongement, et concourir alors, de concert avec la colonne Beresford, à l'attaque de la position. La tête de cette colonne, dépassant la route de Lavaur, atteint celle de Castres, et se concentre devant la redoute de droite dite de la Sipière. Faute de temps, cet ouvrage n'était point achevé. En outre il n'avait pas reçu de canons, que son faible relief n'aurait pu garantir. Mais sa situation à cause de l'escarpement du terrain n'était pas sans valeur. Là venait d'être réunie, sous la main du Maréchal, la division Taupin et les escadrons de cavalerie légère des généraux Vial et Berton (division Soult).

A ce point des détails de la bataille, Soliman-Bey a voulu parcourir scrupuleusement ce nouveau terrain pour le bien comprendre, et sainement apprécier la faute commise par le général Taupin. Cette faute capitale on la connaît. L'ordre du général en chef était de tenir la 1.re brigade déployée à droite de la redoute, cachée par quelques plis du terrain, pour laisser les Anglais s'avancer sans défiance et donner contre. Cependant la 2.e brigade, de concert avec les escadrons, conservait la facilité d'agir comme corps tournant, et de tomber sur le flanc de l'ennemi en débouchant par cette même route de Castres. Au lieu d'exécuter cet ordre de point en point, le général Taupin s'engage contre les Anglais en colonne serrée, laissant la redoute derrière nous, et paralysant de la sorte toute son action. Les Anglais aperçoivent le faux mouvement et en profitent. Ils marchent résolument à l'attaque, et refoulent le général Taupin sur la redoute. Celui-ci tombe blessé à mort. Dans le trouble qui, sans remède, suit ce malheureux incident, la division se replie en désordre sur la redoute et la dépasse. Les défenseurs eux-mêmes, entraînés par le mouvement de retraite, l'abandonnent avec une précipitation que le danger, tout grand qu'il est, ne peut justifier. L'ennemi s'empare de ce point important, à la rigueur sans résistance et presque sans perte.

En arrière de la position si malheureusement perdue, un peu au dessous de la réunion de deux routes de Lavaur et de Castres en une seule, existait un poste retranché, celui de la maison Sacarin, qui couvrait les abords du faubourg Guilleméry. Sur cette position venait de se porter rapidement la batterie mobile commandée par l'Officier déjà cité, et cette artillerie entrait immédiatement en action. Le Général Darmagnac, avec la plus louable spontanéité, puisée dans le sentiment du devoir et dans l'appréciation exacte de l'importance de ce mouvement, y accourt, des ouvrages du Nord, après l'échec des Espagnols. On le voit s'y précipiter à la tête des grenadiers du 75.me de ligne. La position étant ainsi gardée, la division Taupin s'y rallie, puis se déploie à droite en avant du Cauzou (maison Cambon). Les pièces tirent à mitraille; l'infanterie fait bonne contenance. Le faubourg Guilleméry et ses points avancés que l'ennemi a cru un instant pouvoir enlever, sont entièrement préservés, et la position devient inébranlable. La même condition est remplie entre ce point et le Pont des Demoiselles ou de Montaudran, par la présence, en avant de la maison Trinchant (route pavée de Montaudran), d'une brigade de renfort accourant de Saint-Cyprien, avec son artillerie. Ces divers moyens de défense développés entre la maison Sacarin et le Pont des Demoiselles, tiennent l'ennemi en respect, de ce côté, pendant le reste de la journée. Ils rassurent aussi sur des démonstrations qui, déjà faites le matin contre la tête du Pont de ce nom, auraient pu se renouveler et compromettre la sûreté de l'armée française sur la route du Bas-Languedoc.

Ces différentes positions en arrière de notre droite,

destinées le 10 avril à intervenir au moment décisif qui précède avec un avantage si précieux pour la défense, Soliman-Bey les explore avec une religieuse attention. Une longue file de maisons des deux côtés de la route de Castres, bâtie aujourd'hui, n'existait point le 10 avril. Ainsi le terrain, encombré maintenant, était entièrement découvert et formait un champ de tir étendu pour l'artillerie. Le plateau Sacarin et l'habitation principale sont d'ailleurs toujours là. La maison Trinchant et ses abords sont très-reconnaissables aussi. Dès lors la bonté de la position; le parti que le Général en chef sut en tirer; enfin les services qu'elle rendit pendant l'action, peuvent encore être parfaitement appréciés et définis.

Ici commence la seconde période de la bataille. Maître du point de la Sipière, et renonçant à tout projet hostile contre les troupes et les ouvrages inférieurs qui protégent les hauteurs du faubourg Guillemery et les abords du canal vers le Pont des Demoiselles, l'ennemi s'établit fortement sur le plateau dont il vient de s'emparer. Il prend quelques heures de repos, attend l'arrivée de son artillerie et se prépare à marcher à l'attaque des ouvrages du Calvinet. En même temps, dans le but de faire une diversion utile, Lord Wellington donne l'ordre aux Espagnols d'aborder de nouveau les retranchements du Nord, dont les approches jusque là leur avaient été si fatales. Il était alors deux heures et demie.

Les ouvrages qui entourent les Augustins et le Colombier reçoivent les premiers efforts. Les Anglais, bien supérieurs en nombre, s'en emparent, mais ils en sont chassés presqu'aussitôt. Ils recommencent l'attaque et reprennent ces ouvrages, mais pour se les voir arracher encore, et cette fois les défenseurs de leur nation sont enlevés à l'assaut et meurent tous vaillamment à leur poste. Assaillis à la fin par des troupes fraîches qui les débordent de toutes parts, les nouveaux défenseurs appartenant à la division Harispe, après une lutte meurtrière et presque corps à corps, et dont la prolongation serait à la rigueur sans but utile pour le véritable résultat à obtenir, reçoivent l'ordre d'abandonner cette portion d'ouvrages, ainsi que les retranchements, plus en arrière, du pigeonnier de Carivenc. Ils le font avec le plus grand calme, et se replient, toujours combattant, sur les postes et les points retranchés en avant du canal.

Restaient en première ligne les ouvrages du Nord, jusque là invulnérables, du côté de la campagne, grâce à la bravoure des défenseurs. Ceux-ci avaient repoussé surtout les nouvelles attaques faites avec acharnement par les Espagnols de la 4.me armée, dont les débris réorganisés et reprenant courage, donnaient sans relâche, avec une grande vigueur. Mais après la chute de la Sipière, et plus tard depuis l'occupation des ouvrages des Augustins et du Colombier, nos troupes étaient vues et écrasées par l'artillerie britannique retranchée dans ces ouvrages et aussi par les batteries de la Pujade. Ils essuyaient en outre le feu d'une nuée de tirailleurs qui, défilés par les plis du terrain, pouvaient impunément s'approcher. Cette fois encore l'impérieuse nécessité força de céder au nombre et l'on dut évacuer ce qui restait d'ouvrages sur cette première ligne. Cet abandon volontaire, le plus grand ordre y préside, et l'ennemi, rendu de plus en plus circonspect par les grandes pertes éprouvées, n'en contrarie en rien les effets.

Notre deuxième ligne de défense, sur la rive droite de la Garonne, conservait donc, à gauche et en avant du Canal, les ouvrages de l'Embouchure, qui durant toute la journée avaient été et à plusieurs reprises aussi vaillamment défendus que vigoureusement attaqués. Plus à droite nous occupions toujours le couvent des Minimes et les maisons en avant du pont de ce nom, crénelées. Sur la route d'Alby, les avant-postes étaient en avant de la tête du Pont de Matabiau : comme le matin, toute cette portion de la ligne obéissait au général Daricau, sous les ordres supérieurs du comte d'Erlon. Les divisions Harispe et Vilatte (Lieutenant-général Clausel), tenaient les fermes et les tuileries, d'avance crénelées et couvertes d'épaulements, face à la ville, sur le revers de l'emplacement de la colonne actuelle, jusqu'à la route de Castres. La division Darmagnac et la brigade Rouget (division Maransin), accourue déjà avant midi de Saint-Cyprien, gardaient l'entrée du faubourg de Guilleméry et les retranchements des maisons Sacarin et Cambon. Enfin la quatrième division, sous les ordres du Général Travot, qui venait de remplacer le Général Taupin, s'étendait, à droite de la maison Trinchant, sur la route pavée de Montaudran, occupant les fermes adjacentes à cette route jusqu'à celle dite Courège, très-avancée vers la Sipière, et descendait vers le pont des Demoiselles dont elle défendait les approches. Le parc central de l'artillerie, resté jusqu'à trois heures sur les Allées, entre les portes Saint-Etienne et Montoulieu, était venu se ranger sur la place des Carmes (aujourd'hui d'Orléans). La chute de quelques projectiles égarés, partis des batteries ennemies de la Sipière qui, dépassant notre ligne et le Canal, avaient atteint la promenade du Grand-Rond et même quelques points de l'intérieur de Toulouse, firent juger ce mouvement nécessaire. Quant à la défense du quartier Saint-Cyprien, toujours confiée aux troupes du Lieutenant-général Reille, bien que réduites depuis midi à une seule brigade de la division Maransin, le Maréchal, plein de confiance dans l'expérience éprouvée du Commandant de son aile droite, était parfaitement rassuré de ce côté.

La journée principale était terminée ; il était alors six heures du soir. La nuit fut parfaitement calme, grâce aux ordres donnés et à l'intervention utile de la Garde Urbaine. Cette milice citoyenne s'était du reste signalée dans la journée par le bon ordre entretenu dans l'intérieur de Toulouse, et l'élan qu'elle avait montré, bien secondée par la population, pour porter secours aux blessés, les recevoir aux portes de la ville, et les transporter aux lieux où des soins efficaces pouvaient leur être appliqués. Ils le furent avec le plus grand empressement ; et l'humanité des Toulousains, n'importe la position sociale, les intérêts privés, les préoccupations politiques, brilla, le 10 avril, du plus vif éclat.

Ce calme étonnant après une journée si agitée, le Maréchal Soult le met à profit et prend ses dispositions pour accepter, si l'on veut l'y forcer, dans la nouvelle position qu'il occupe, une seconde bataille. Mais les événements de Paris étaient connus, sinon dans toutes leurs circonstances, du moins avec assez de données pour faire comprendre que continuer une guerre dont le théâtre était un champ-clos dans lequel les deux partis devaient s'exterminer, et au sein d'une importante ville, condamnée à supporter tous les coups et peut-être à disparaître sous ses ruines, devenait une extrémité en principe légitime sous le point de vue de l'honneur, gratuite et déplorable quant au reste. Le Maréchal, à l'issue d'un Conseil de guerre où furent seulement admis les trois lieutenants généraux commandant les ailes et le centre de l'armée et le chef d'état-major général, se décide à quitter Toulouse. Le mouvement s'opère dans la nuit du 11 au 12. La journée du 11, restée si pacifique, au grand étonnement de tous, dans la ville et aux avant-postes, et sans démonstration hostile d'aucune sorte de la part de l'ennemi, avait permis dans la soirée de prendre les dernières dispositions. Tout étant prêt, la retraite fut ordonnée. Elle commença un peu avant minuit sur la route du Bas-Languedoc, et d'abord en y engageant les convois et les bagages. Quelques heures après, Toulouse ne renfermait plus de troupes françaises dans ses murs, et la ville était remise à la surveillance toute pacifique de la Garde Urbaine.

Quant aux pertes réciproques, une relation imprimée sous les yeux même des Toulousains en 1815, évaluait à 15,000 hommes celles éprouvées par les coalisés dans la journée du 10 avril. Quoique ce nombre n'ait point été contredit alors, il est exagéré. Pareillement le chiffre dénoncé dans les relations anglaises est matériellement trop restreint. Sans trop s'écarter de la vérité, on peut porter ces pertes, pour l'armée coalisée, à 8,000 hommes tués ou blessés. La perte de l'armée française ne dépassa pas 3,400 hommes dans les mêmes circonstances, y compris 300 Officiers mis hors de combat dans la journée.

Le 12, au point du jour, l'armée coalisée, avec autant de prudence et de précautions que si elle eût craint de donner dans une embuscade, pousse des reconnaissances sur les ouvrages du Canal. Celles-ci sont reconnues par les détachements de la Garde Urbaine suivant les formes accoutumées. Lord Wellington, avec ses forces bien éclaircies du reste depuis trois jours, s'avance alors avec l'armée coalisée, mais seulement quand le plein jour est arrivé. Enfin, à dix heures du matin, il entre sans bruit dans la ville, comme sans danger et sans froissement pour la population.

Le lendemain 13 avril, l'armée française, dont la retraite est à citer par l'ordre et la contenance résolue qu'elle montra, occupait les hauteurs de Basiége, prête à accepter un nouveau combat à outrance, si l'ennemi eût affecté de la serrer trop vivement. Cette fois encore le général anglais se borna au rôle plus sûr d'observateur. Enfin, un bruit concernant le traité conclu à Paris circule; il prend de suite de la consistance et se propage. Bientôt des communications sont échangées aux avant-postes par suite de dépêches officielles expédiées de Paris et de Blois. Pendant ces pourparlers, le Général en chef français, fidèle à ses principes d'honneur national et d'inflexibilité militaire, prend devant les prétentions de Lord Wellington, son rival, une noble attitude, et articule en cette circonstance de hautes paroles que l'histoire a recueillies (1). Enfin, la nouvelle de la paix est officiellement annoncée; on la proclame dans les deux camps; une suspension d'armes est arrêtée le 17 avril, et les hostilités cessent décidément entre deux armées si longtemps rivales.

Soliman-Bey comptait continuer son exploration dans la soirée du même jour 15 avril, et visiter avec une curieuse attention les différents ponts du Canal des deux mers retranchés le jour de la bataille et dont les têtes avaient été si brillamment défendues. Son projet était de reconnaître aussi tous les autres points de la défense non encore vus sur les deux rives de la Garonne. Il en a été autrement. Mais le Major général de Mehemed-Ali n'a point dit pour toujours adieu à Toulouse. Il compte revenir prochainement dans ses murs et revoir cette terre où la valeur française jeta en 1814 de si brillants éclairs.

---

(1) Ces paroles, les voici : « Allez dire à Lord Wellington que je ne » puis ajouter foi à des nouvelles de paix qui me sont données par le » chef de l'armée que je combats. Ajoutez que j'ai dix batailles à lui » livrer encore, toutes semblables à celle de Toulouse ; qu'à ce terme, » si nos pertes suivent la même progression, lui et moi resterons gé- » néraux sans armées. »

Son dessein est non pas seulement de visiter les éléments de la défense sous la ville, mais d'explorer aussi le beau pays qui l'entoure et tous les lieux qui peuvent rappeler les glorieux souvenirs d'une autre époque dans le Midi de la France. Ces sentiments généreux pour notre patrie, le Major Général de Mehemed-Ali les proclame tout haut. Car Soliman-Bey ne veut point oublier, ne peut oublier qu'il est Français et qu'il a fait ses premières armes dans nos rangs; tel il n'a cessé d'être sur les bords du Nil. Si l'Egypte, par la haute position qu'elle lui a faite, diminue les regrets de son enfant adoptif de ne plus habiter la France, du moins celui-ci conserve à la mère-patrie un souvenir touchant, et lui rend le culte sacré et imprescriptible que lui vouent tous ceux à qui elle donna le jour.

www.ingramcontent.com/pod-product-compliance
Lightning Source LLC
Chambersburg PA
CBHW070536050426
42451CB00013B/3031